성탄을 기다리는 4주간

내 마음의 대림 시기

ANTI-STRESS ADVENTSKALENDER
by Marcus C. Leitschuh · Kerstin Held
2013. 1. Auflage
© Alle Rechte bei Verlag Neue Stadt GmbH, München
www.neuestadt.com

내 마음의 대림 시기

2015년 9월 3일 교회 인가
2015년 11월 29일 초판 1쇄 펴냄
2019년 12월 1일 개정 초판 1쇄 펴냄
2024년 8월 6일 개정 초판 6쇄 펴냄

지은이 · 마르쿠스 C. 라이트슈, 케르스틴 헬트
옮긴이 · 신동환
펴낸이 · 정순택
펴낸곳 · 가톨릭출판사
편집 겸 인쇄인 · 김대영
편집 · 박다솜, 강서윤, 김소정
디자인 · 정호진,'강해인, 송현철, 이경숙
마케팅 · 안효진, 황희진

본사 · 서울특별시 중구 중림로 27
등록 · 1958. 1. 16. 제2-314호
전자우편 · edit@catholicbook.kr
전화 · 1544-1886(대표 번호)
지로번호 · 3000997

ISBN 978-89-321-1671-6 04230
ISBN 978-89-321-1395-1 (세트)

값 8,000원

이 책의 한국어 출판권은 (재)천주교서울대교구 가톨릭출판사에 있습니다.
저작권법에 의해 한국 내에서 보호를 받는 저작물이므로
무단 전재와 무단 복제를 금합니다.

가톨릭의 모든 도서와 성물을 '가톨릭출판사 인터넷쇼핑몰'에서
만나 보실 수 있습니다.
http://www.catholicbook.kr | (02)6365-1888(구입 문의)

마르쿠스 C. 라이트슈 · 케르스틴 헬트 지음
신동환 옮김

성탄을 기다리는 4주간

내 마음의 대림 시기

가톨릭출판사

들어가는 말

연말이 아닌 대림 시기!

대림은 기다림을 의미합니다. 예수님의 성탄을 맞이하기 전, 4주간의 대림 시기 동안 우리는 기쁜 마음으로 예수님의 탄생을 준비하며 기다립니다.

그런데 우리는 이런 대림 시기 동안 의외로 스트레스를 받기도 하는데 이 시기가 연말이기 때문입니다. 한 해를 마무리한다는 이유로 여러 가지 일들을 처리하며 몸과 마음이 분주해집니다. 또한 다른 사람들과 어울릴 기회도 많아지지요. 그러나 이렇게 바쁠수록 우리 마음 한켠은 더욱 쓸쓸해지기만 합니다. 이 시기에 우리에게 꼭 필요한 것은 마음의 평온을 찾는 일이기 때문입니다.

《내 마음의 대림 시기》는 이런 분들에게 도움을 주기 위해 기획된 책입니다. 이 책은 대림 시기 동안 매일 자신을 돌아보며 성찰할 수 있도록 조언해 줍니다. 또한 주님 성탄 대축일을 향해 나아가는 대림 4주간을 기쁜 마음으로 보낼 수 있도록 여러 가지 실천 사항들을 적어 두어, 대림 시기를 의미 있게 잘 보낼 수 있도록 이끌어 줍니다. 그래서 이 책과 함께하면 대림 시기를 하루하루 보람 있게 살아갈 수 있습니다.

또한 이 책에는 〈대림 달력 – 대림 시기 실천표〉를 넣었습니다. 대림 시기 동안 이 달력으로 하루를 점검해 보는 시간을 가져 보기 바랍니다. 독자 여러분들이 그저 연말이 아닌 기쁜 마음으로 주님 성탄 대축일을 기다리는 대림 시기로 살 수 있기를 바랍니다.

마르쿠스 C. 라이트슈
케르스틴 헬트

목 차

・・・・・・・・・・・・・・・・・・・・・・・・・・・・・・・

들어가는 말　　　연말이 아닌 대림 시기! • 4

대림 제1일차　　자신을 되돌아보기 • 8
대림 제2일차　　마음의 소리에 귀 기울이기 • 12
대림 제3일차　　작은 일부터 실천하기 • 16
대림 제4일차　　사랑과 우정을 돈독히 하기 • 20
대림 제5일차　　내 마음속 장애물 치우기 • 24
대림 제6일차　　마음 전하기 • 28
대림 제7일차　　기쁘게 선물 준비하기 • 32
대림 제8일차　　내 영혼을 위한 음악 듣기 • 36
대림 제9일차　　긍정적인 이야기 나누기 • 40
대림 제10일차　　삶을 바꿀 수 있는 용기 내기 • 44
대림 제11일차　　자주 미소 짓기 • 48
대림 제12일차　　소중한 추억 만들기 • 52
대림 제13일차　　감사하는 마음 갖기 • 56

대림 제14일차	모든 사람을 귀하게 대하기 • 60
대림 제15일차	성탄 장식 하기 • 64
대림 제16일차	나를 사랑하기 • 68
대림 제17일차	고민하지 않기 • 72
대림 제18일차	멈추어 보기 • 76
대림 제19일차	엉뚱하게 스트레스 풀지 않기 • 80
대림 제20일차	기쁨을 주는 것 찾기 • 84
대림 제21일차	고요함을 느껴 보기 • 88
대림 제22일차	해묵은 감정 털어 내기 • 92
대림 제23일차	받아들이기 • 96
대림 제24일차	주님께 맡기기 • 100
주님 성탄 대축일	예수님 찾기 • 104

| 부록 | 마음의 평온을 찾는 십계명 • 108 |

대림 제1일차
자신을 되돌아보기

　오늘부터 대림 시기가 시작됩니다. 성탄 축제를 향해 나아가는 여정 첫날, 이제 우리는 앞으로 4주 동안 '우리 곁에 오시는 예수님'을 맞이할 준비를 하게 됩니다.

　그런데 차분하게 아기 예수님을 맞이해야겠다고 결심하지만 이를 실천하기란 생각보다 쉽지 않습니다. 거리는 휘황찬란하게 빛나고, 연말 행사나 여러 약속 등으로 마음이 분주하기 때문입니다. 이럴 때일수록 마음을 차분히 가라앉히고 대림 시기의 의미가 무엇인지 되새겨 볼 필요가 있습니다. 그러려면 먼저 우리의 마음속을 깨끗이 정리하는 시간이 필요합니다. 그래서 대림 시기를 '자신을 돌아보는 경건한 시간'이라고도 부르는 것입니다.

대림 시기는 마치 나를 거울에 비춰 보는 것과 같습니다. 우리는 거울을 보면서 자기 자신뿐만 아니라 자신의 삶까지도 새롭게 바라볼 수 있습니다.

대림 시기는 무척 소중한 시간입니다. 나와 내 삶을 새롭게 바라볼 수 있는 기회이기 때문입니다. 아까운 시간을 낭비했다며 스트레스 받지 말고, 오늘은 기도하며 자신을 돌아보는 시간을 가져 보기 바랍니다.

삶은 거울입니다. 거울을 보고 웃으면 거울도
당신에게 미소를 지을 것이고, 거울을 보고 울면
거울도 당신에게 우는 모습을 보여 줄 것입니다.

윌리엄 새커리(작가)

너희가 살아온 길을 돌이켜 보아라.

하까 1,5

오늘 당신에게 권하고 싶은 일

당신을 바라보고 있는 거울 속 그 사람을 바라보세요.

그 사람이 당신에게 무슨 말을 건네나요?

그 사람은 무엇을 좋아하나요?

그 사람에게는 어떤 계획이 있나요?

이제 당신이 무엇을 좋아하는지 생각해 보세요.

또한 무엇을 간절히 바라는지 생각해 보세요.

그리고 그것을 이루는 데 방해가 되는 것은

무엇인지 생각해 보세요.

대림 제2일차

마음의 소리에 귀 기울이기

 규칙은 많은 사람이 다 함께 지키기로 한 질서를 뜻하는 말입니다. 우리에게는 어느 곳에서든 지켜야 할 규칙이 있습니다. 예를 들면, 도로에는 교통 규칙, 직장에는 근무 규정, 공장에는 작업 지침 등이 있습니다. 이를 지키지 않으면 불이익을 받거나, 제지를 당하게 되지요. 이렇듯 사회에는 많은 규칙이 있고, 이를 지키면 일을 좀 더 수월하게 할 수 있습니다. 바나나를 수입해서 판매할 때, 정해진 규격대로 포장하여 운반하면 우리는 최상의 상태인 바나나를 구입할 수 있습니다. 또한 회사가 근로 기준법을 지키면 우리는 적당한 근무 시간과 적절한 휴식 시간을 보장받을 수 있습니다. 그리하여 우리는 우리 주변의 규칙을 잘 지키려고 최선을 다합니다.

그런데 정작 자신을 위한 규칙은 소홀히 하는 경우가 많습니다. 휴대폰으로 문자가 오면 바로바로 답장을 하지만 내 몸과 마음이 보내는 신호에는 모른 척 넘어가는 것입니다. 우리 자신을 돌보는 일에는 별다른 규칙이 정해져 있지 않기에 무슨 일이 생겨도 별일이 없을 것이라고 생각하며 무심하게 지나쳐 버리기 일쑤입니다. 이처럼 우리 자신을 돌보는 일에 관해서는 법칙, 규정도 없고 사용 설명서도 없습니다. 하지만 오히려 그렇기 때문에 내 몸과 마음의 소리에 더욱 귀를 기울여야 합니다.

오늘은 내 마음의 소리에 귀를 기울일 때입니다. 그리고 내가 힘들다고 느낄 때 할 수 있는 일을 생각해 봅시다. 잠깐 생각을 멈춘다거나, 잠을 청해 보는 것도 좋겠지요. 그렇지 않으면 어느 순간 우리 마음은 무너져 버릴지도 모릅니다.

다른 사람의 이야기를 듣느라 시간을
낭비하지 마세요. 대신 마음의 소리를 들으세요.
가장 중요한 것은 마음과 직관을 따르는
용기를 갖는 것입니다.

스티브 잡스(사업가)

여러분은 이런 질문을 할지도 모릅니다.
'언제 예수님은 우리 마음속 문을 두드리시는가?'
하고 말이지요. 언제냐고요? 바로 지금입니다.

프란치스코 교황
《뒷담화만 하지 않아도 성인이 됩니다》 중에서

오늘 당신에게 권하고 싶은 일

15분 동안 마음의 목소리를 들어 보세요!

그리고 이렇게 물어보세요.

나는 잘 살고 있는가?

내 몸 상태는 괜찮은가?

마음이 편안한가?

마음에 걸리는 일은 없는가?

나에게 무엇이 부족한가?

요 근래에 가장 잘된 일은 무엇인가?

최근에 가장 만족한 일은 무엇인가?

대림 제3일차

작은 일부터 실천하기

 부쩍 해가 짧아져 저녁이 빨리 옵니다. 벌써 해가 졌냐고 불만스러워 하지 말고, 집에 편안하게 앉아 촛불을 켜 보세요. 그리고 그 불빛을 바라보세요. 촛불은 자신을 태워 우리에게 빛과 따뜻함을 전해 줍니다. 우리 주변에는 이런 촛불 같은 사람들이 많이 있습니다. 그들이 세상을 변화시킵니다. 온 세상 곳곳에서 꼭 필요한 순간에 나타나 빛과 따뜻함으로 세상을 바꿉니다.

 우리도 다른 사람을 위해 불타는 촛불이 될 수 있을까요? 촛불처럼 타오를 수 있을까요? 그러려면 다른 사람을 위하는 마음을 품고, 자신을 심지 삼아 타오를 수 있어야 합니다. 이는 누구나 할 수 있지만 선뜻 실행에 옮기기는 어려운 일입니다.

그러니 오늘은 촛불처럼 다른 사람을 위해 자기 자신을 태워 보는 연습을 해 봅시다. 이때 너무 큰일을 하려 하지 말고 작은 일부터 시작해야 합니다. 무리하게 자신을 내몰지 말아야 합니다. 그러다 보면 오히려 의도와는 다르게 다른 사람에게 피해를 줄 수도 있습니다. 그러니 천천히 조심조심 자신을 태우는 법을 배워 봅시다.

촛불은 그 자신을 밝히기 위해 존재하는 것이
아닙니다.

수피 격언

다른 사람을 위하여 희생하는 것이야말로 진정한 사랑입니다. 다른 사람과 다른 살아 있는 모든 것들을 위하여 나를 버리는 이런 사랑이야말로 진정한 사랑이고, 이런 사랑에서 우리는 복된 삶과 더불어 세상에 나온 보답을 얻으며 세상의 머릿돌이 되는 것입니다.

톨스토이(작가)

오늘 당신에게 권하고 싶은 일

오늘 자신에게 한번 질문해 보세요.

나는 아예 불이 붙지 않은 쪽인가?

아니면 계속해서 타오르고 있는 쪽인가?

그것도 아니면 다 타서 이미 녹아 버린 쪽인가?

내 마음속 촛불을 활활 타오르게 만드는 것은 무엇인가?

촛불이 계속 타오르게 하려면 무엇을 해야 할까요?

단 30분이라도 내 안에 있는 촛불을 위해 시간을 내 보세요.

대림 제4일차

사랑과 우정을 돈독히 하기

대림 시기와 주님 성탄 대축일이 되면 약속이 많아집니다. 각종 모임과 행사 등으로 눈코 뜰 새 없이 바빠지지요. 그러나 이렇게 연말에 여기저기 쫓아다니다 보면 몸은 피곤하고 마음은 불편해집니다.

정작 이 시기에는 나와 더 가까운 사람일수록 만나지 못하거나 챙기지 못하는 경우가 많습니다. 가깝고 편하다는 이유로 그들과의 만남보다는 그동안 만나지 못했던 동창 모임이나 각종 행사에 치중하기 때문이지요.

하지만 이런 시기일수록 사랑하는 가족과 친구들을 소홀히 해서는 안 됩니다. 그들과의 관계를 더 돈

독케 할 시간을 마련해 보세요. 이들은 이 세상을 살아가기 위해서 우리에게 반드시 필요한 사람들이기 때문입니다.

오늘은 가족과 친척, 친구와 시간을 보내 보세요. 향긋한 차를 대접하고 달콤한 케이크를 함께 먹기도 하고, 술잔을 기울이며 속 깊은 이야기를 나누어 보세요. 맛있는 음식을 장만해 그들을 집으로 초대해도 좋고, 모처럼 음식점을 예약해서 맛있는 음식을 먹어도 좋습니다. 이렇듯 사랑하는 사람들과 함께 시간을 보낼 때 그 시간이 우리 삶에서 가장 행복한 때랍니다.

평야를 걸어갈 때에는 서로 손을 잡을 필요가 없지만,
미끄러운 산길을 오를 때에는 손을 잡아 끌어 주어야
넘어지지 않습니다. 그렇듯이, 힘난한 길이 많은
이 세상에서는 서로 도움을 주고받는 우정이 필요합니다.

프란치스코 살레시오 성인
《신심 생활 입문》 중에서

가족과 친구는 인생에서 얻을 수 있는
모든 것입니다. 이들을 잃게 되면 당신에겐 아무것도
남지 않습니다. 가족과 친구를 세상 그 어떤 것보다
더 소중하게 여겨야 합니다.

트레이 파커(애니메이션 감독)

오늘 당신에게 권하고 싶은 일

그동안 연락이 뜸했던 친구에게 만나자고 먼저 연락해 보세요. 그리고 따뜻한 차를 마시거나 맛있는 식사를 대접해 보세요. 오랜만에 만나서 어색하다면 가볍게 술 한 잔하는 것도 괜찮겠지요.

어떻게 하면 친구를 즐겁게 해 줄 수 있을지 곰곰이 생각해 보세요. 이러한 마음으로 친구를 대하면, 함께하는 시간이 아깝지 않을 거예요.

대림 제5일차

내 마음속 장애물 치우기

"너희는 주님의 길을 마련하여라. 그분의 길을 곧게 내어라."(마르 1,3)

요한 세례자가 광야에서 사람들에게 회개의 세례를 선포하면서 이사야 예언자의 이 말을 인용하였습니다. 이 말은 대림 시기에 우리가 어떤 마음을 가져야 하는지 잘 가르쳐 줍니다. 우리는 주님이 우리에게 오실 수 있도록 장애물을 치우고 주님의 길을 마련해야 합니다.

그런데 우리 마음이 닫혀 있어서 장애물을 치우고 길을 내는 일이 쉽지가 않습니다. 바로 처리하지 않고 차일피일 미룬 장애물이라면 더욱 그러하지요. 가까운 이가 세상을 떠나 마음의 문이 닫힌 경우 그 슬픔을 치워 내야 마음의 문을 열 수 있습니다. 친했던 사람과 어색한 관계가 된 것도 그에게 걸어야 했던 전화 한 통을 하지 않아서 그런 사이가 되었을 수도 있습니다. 그렇게 시간이 흐르다 보니 쌓여 버린 문제를 보며 치울 엄두가 나지 않게 된 것입니다.

하지만 큰마음 먹고 일을 처리하고 나면, 그 기분은 정말 날아갈 것 같습니다. 마음의 짐을 덜고 나면 다른 일을 돌아볼 수 있는 여유도 생깁니다. 그리고 이런 여유가 생겨야 더욱 의미 있고, 보다 아름다운 일을 생각해 볼 수 있습니다. 주님의 길을 마련하는 데 힘을 낼 수 있게 되는 것입니다. 그러니 주님의 길을 마련하고 싶다면 우선 마음을 열고 마음속의 장애물을 치우기 위해 큰마음 먹고 일을 처리해야 합니다.

오늘은 엄두가 나지 않는다고 짜증내기보다 눈 한 번 딱 감고 마음에 쌓인 문제들을 하나씩 처리해 보기 바랍니다.

우리가 행복을 기다리는 바로 그 순간에도 행복은
늘 그 자리에서 우리를 기다리고 있습니다. 아무것도
하지 않으면 아무것도 나아지지 않습니다. 새로운 것은
오늘은 아름답지만 내일은 알 수 없는 것입니다.

프란츠 카프카(작가)

장애물은 야생 동물과도 같습니다. 그들은 겁이 많지만
가능한 한 당신을 위협하려고 할 것입니다. 당신이 겁먹
은 모습을 보이면 동물들은 당신에게 덤벼들 것입니다.
하지만 당당하게 응시한다면 그들은
슬금슬금 도망칠 것입니다.

오리슨 스웨트 마든(작가, 사업가)

오늘 당신에게 권하고 싶은 일

오래전에 처리했어야 하는데 차일피일 미루던 일을 떠올려 보세요. 그리고 그중에서 딱 한 가지만 오늘 실행에 옮겨 보세요.

대림 제6일차

마음 전하기

대림 시기는 사랑하는 사람들에 대해서 생각해 보는 시간입니다. 나를 아껴 주는 사람은 누구인가요? 나에게 소중한 사람은 누구인가요? 올 한 해 나에게 중요했던 사람은 누구였나요?

우리는 다른 사람과 서로 의지하고 서로에게 힘이 되어 주면서 살아갑니다.

"너는 나에게 소중한 존재야. 네가 있어서 얼마나 좋은지 몰라!"

누군가에게 이런 말을 듣는다면 마음이 무척 뿌듯할 겁니다. 그런데 혹시 알고 있나요? 이것이 스트레스를 극복하는 데 가장 좋은 방법이라는 것을요. 자신이 사랑받고 있다는 사실을 아는 사람은 남에게 인정받으려고 아등바등하지 않거든요.

"네가 있어서 참 좋아!"

혹시 주위 사람들에게 이런 말을 해 본 적이 있나요? 최근에 그런 말을 한 기억이 없다면 오늘이라도 해 보려고 노력하세요. 그동안 나를 아껴 줬던 사람들에게, 내게 소중한 사람들에게, 올해 내게 중요했던 사람들에게 이 말을 전해 주세요.

하느님께서도 우리에게 이 같은 편지를 보내셨습니다. 그 사랑의 편지가 바로 예수님입니다. 그 편지는 우리 모두에게 한 명도 빠짐없이 배달되었습니다.

사랑받고 싶다면 먼저 사랑하세요.

그리고 사랑스럽게 행동하세요.

벤자민 프랭클린(정치가)

사랑을 받고 사랑을 전하는 시간만이

온전히 산 시간입니다.

엘리자베스 퀴블러 로스(의사)

오늘 당신에게 권하고 싶은 일

여러분에게 소중한 사람을 생각해 본 다음, 그 사람에게 이렇게 말해 보세요.
"네가 내 옆에 있어서 얼마나 좋은지 몰라!"
말로 하기 쑥스럽다면 이메일을 보내거나, 카드나 편지를 써도 됩니다. 여러분의 마음을 전해 보세요!

대림 제7일차

기쁘게 선물 준비하기

우리는 성탄을 앞두고, 주변 사람들에게 줄 성탄 선물을 사곤 합니다. 하지만 선물을 살 때 깊이 고민하기보다는 자신이 가진 돈에 맞춰서 별 고민 없이 선물을 사는 경우도 있을 것입니다. 때로는 값비싼 선물로 환심을 사려고 하는 경우도 있을 것입니다. 그런데 그렇게 산 선물은 상대방에게 아무런 감흥을 줄 수 없을 것입니다. 아무리 비싼 선물이라 해도 마음에서 우러난 것이 아니면 깊은 감동을 줄 수 없습니다.

성경에는 이런 말씀이 있습니다.

"하느님께서는 기쁘게 주는 이를 사랑하십니다."
(2코린 9,7)

그런데 하느님만 그런 사람을 사랑하실까요? 그렇지 않습니다. 사랑을 줄 줄 아는 사람이 사랑을 받을 수 있는 것입니다. 이와 마찬가지로 기쁜 마음으로, 사랑으로 주는 선물만이 선물을 받는 이에게 기쁨과 감동을 줄 수 있습니다.

오늘은 선물을 줄 사람들을 한 사람, 한 사람 떠올리며 그에게 어울리는 선물을 생각해 보세요. 그리고 그 안에 사랑을 듬뿍 담은 선물을 준비해 보세요.

자신이 진심으로 사랑하는 사람이 필요로 하고 있는 것이
무엇인지 아는 것은 매우 어렵습니다.

우고 베티(극작가)

다른 사람에게 도움을 주는 일을 하는 사람은 자신에게
가장 큰 선물을 주는 것입니다.

세네카(철학자)

오늘 당신에게 권하고 싶은 일

이번 성탄에는 누구를 어떻게 기쁘게 해 줄지 한번 생각해 보세요. 그리고 마음을 담은 선물을 주면 진심으로 기뻐할 사람이 누구일지도 한번 생각해 봅시다.

대림 제8일차
내 영혼을 위한 음악 듣기

대림 시기가 되면 거리마다 귀에 익은 캐럴이 울려 퍼집니다. 또 이 시기에는 텔레비전과 라디오에 가수들이 출연해 흥겨운 노래를 부르곤 합니다. 이러한 모든 음악들은 대림 시기를 즐겁게 보내는 데 도움이 됩니다.

하지만 이런 음악만 내내 듣고 있다 보면 오히려 주님과 가까워지는 데 방해가 되기도 합니다. 흥겨움에만 취해 그 이외의 것은 잘 보이지 않게 되니까요. 때로는 우리 자신은 그다지 흥겹지 않은데 흥겨움을 강요한다는 느낌을 받기도 합니다.

사실 이 시기에 더욱 잘 어울리는 음악은 따로 있

습니다. 바로 대림 성가와 성탄 성가입니다. 특히 그 가사를 음미해 보세요. 주님께 가까이 나아가는 경험을 할 수 있을 것입니다.

오늘은 이 성가들을 큰 소리로 흥얼거리면서 마음속 깊은 곳에 잠자고 있는 아름다운 동심을 깨워 보세요! 이런 음악은 마음속에 대림의 의미를 일깨워 줄 것입니다. 어린 시절, 예수님이 오시기만을 기다렸던 그날의 기억을 되찾아 줄 것입니다. 그러면 우리 영혼은 좀 더 활기차게 변하지 않을까요?

임하소서 임마누엘이여 천하 만민을 구원하시고
온 세상 구세주 기다리니 우리 가운데 어서 오소서.
기뻐하라 이스라엘이여 임마누엘이 오시리로다.

임하소서 임마누엘
《가톨릭성가》 93번 중에서

감사하는 마음으로 하느님께
시편과 찬미가와 영가를 불러 드리십시오.

콜로 3,16

오늘 당신에게 권하고 싶은 일

앞의 성가를 큰 소리로 불러 보세요. 그리고 대림 시기에 들을 음악 CD를 구입하거나 인터넷에서 음원을 구입해 들어 보세요. 대림 성가도 좋고, 요한 세바스티안 바흐의 크리스마스 오라토리오도 좋습니다.

당신의 영혼에 성가들로 활기를 불어넣어 보세요. 대림 시기 동안 함께할 음악을 여러분 가까이에 두고 들으세요!

대림 제9일차

긍정적인 이야기 나누기

대림 시기에는 성탄을 앞두고 선행과 미담에 관한 뉴스가 자주 등장합니다. 그리고 불우한 이웃을 돕기 위한 모금 활동도 활발하게 펼쳐지지요. 여러분도 한 번쯤 그런 모금 활동에 참여해 본 적이 있을 겁니다.

이는 정말 다행스러운 일입니다. 평소에는 강력 범죄, 각종 사고, 부정부패와 같은 불미스러운 일들이 신문이나 TV 뉴스 첫머리를 장식하는데, 대림 시기에는 이러한 훈훈한 소식이 뉴스의 첫머리를 장식하는 경우가 많으니까요. 이는 대림 시기에만 볼 수 있는 좋은 현상입니다.

이러한 대림 시기에서 볼 수 있는 좋은 현상들을

평상시 사람들 사이에서도 볼 수 있으면 얼마나 좋을까요? 보통 다른 사람이 잘못한 일에 대해서 험담을 하기란 무척 쉽습니다. 그래서 우리는 그 일에 대해 평가하며 조언해 주는 일을 즐겨 합니다. 그런데 다른 사람이 잘한 일에 대해서는 인색한 편입니다. 오히려 깎아 내리기 일쑤입니다. 도대체 왜 그럴까요?

한편 다른 사람이 나에 대해 쓴소리를 하는 것은 견디지 못합니다. 그 일에 스트레스를 받으며 나는 잘하고 있는데 나에 대해 불평, 불만이 왜 이렇게 많으냐고 못내 서운해합니다.

오늘만큼은 다른 사람을 칭찬하고, 잘한 일을 인정해 주는 것은 어떨까요? 다른 사람에 대한 험담보다는 다른 사람의 장점을 찾는 것이 예수님을 맞이하는 그리스도인들의 참된 자세가 아닐까요?

다른 사람의 와인을 칭찬한다고 해서,
내 와인이 상하는 것은 아닙니다.

포르투갈 속담

보여 줄 수 있는 사랑은 아주 작습니다.
그 뒤에 숨어 있는 위대함에 견주어 보면.

칼릴 지브란(철학자)

오늘 당신에게 권하고 싶은 일

오늘 내가 다른 사람들에 대해 무슨 이야기를 했는지 돌이켜 보세요. 다른 사람을 칭찬했거나 주위 사람들의 장점에 대해 생각해 보셨나요?

다른 사람이 남을 험담한다면 긍정적인 이야기로 그 자리의 분위기를 바꾸어 보세요. 그리고 오늘 아직 칭찬의 말을 하지 않았다면 지금 당장 '다른 사람의 와인'을 칭찬해 보세요.

대림 제10일차

삶을 바꿀 수 있는 용기 내기

변화라는 말을 들으면 스트레스를 받는 사람들이 많습니다. 살던 대로, 지금까지 늘 해 오던 대로 하는 게 더 편리하다고 생각하기 때문입니다.

하지만 '하던 대로 하면 되지!'라는 생각으로 인해 변화에 따라가지 못해서 좌절하거나, 일을 그르치는 경우가 자주 있습니다. 그래서 절망적인 상황에 처하기도 하고, 벽에 가로막혀 옴짝달싹하지 못하기도 합니다. 우리는 가던 길을 멈출 줄 알아야 하고, 방향을 바꿀 줄도 알아야 하며, 가던 길을 되돌아올 줄도 알아야 합니다. 이렇게 지금까지 살던 방식과 항상 똑같이 행동해서는 안 됩니다. 용기를 내어 새로운 방식으로 삶을 바꿀 수 있는 용기를 가져야 하는 것입니다.

"매년 다시" 이 말은 앞으로도 계속 그렇게 하자는 말이 아니라 매년 새롭게 하자는 말입니다. 우리 역시 매년 예수님의 성탄을 축하하고 있습니다. 하지만 예수님은 세상을 그냥 내버려 두지 않으셨습니다. 그분은 이천 년이 지난 지금도 세상을 그냥 내버려 두지 않고 우리 곁에 오십니다.

성경에 나오는 많은 이야기는 변화에 대한 이야기입니다. 걷지 못하던 사람이 다시 걷게 되었고, 듣지 못하는 사람이 다시 듣게 되었으며, 물이 포도주로 변하고, 죽은 사람이 되살아났습니다. 이런 성경 이야기를 통해 우리는 어떤 방향으로 나아가야 할지 알 수 있습니다. 그것은 다른 사람들이 필요로 하는 바를 변화를 통해 이루라는 것입니다. 새로운 방식에 두려워하지 말고 적극적으로 그들과 함께할 방법을 모색하라는 것입니다.

오늘은 용기를 내어 예수님이 좋아하실 모습으로 변화할 수 있도록 한 걸음 나아가 봅시다.

주님께서는, "너는 내 은총을 넉넉히 받았다. 나의 힘은 약한 데에서 완전히 드러난다." 하고 말씀하셨습니다. 그렇기 때문에 나는 그리스도의 힘이 나에게 머무를 수 있도록 더없이 기쁘게 나의 약점을 자랑하렵니다. 나는 그리스도를 위해서라면 약함도 모욕도 재난도 박해도 역경도 달갑게 여깁니다. 내가 약할 때에 오히려 강하기 때문입니다.

2코린 12,9-10

재능 있는 많은 사람들이 실패하는 이유는
용기가 없기 때문입니다.

시드니 스미스(작가)

오늘 당신에게 권하고 싶은 일

주위에 여러분의 도움이 필요한 사람이 있는지 한번 살펴보세요. 그리고 도움이 필요한 사람들의 눈물을 닦아 주고, 슬픔을 함께 나누기 바랍니다.

어려움을 겪고 있는 분을 알고는 있었지만 그동안 쑥스럽고 자신이 없어서 선뜻 나서서 돕지 못했다면 오늘은 용기를 내 보세요. 여러분의 마음속에 있는 차갑고 단단한 얼음을 한번 녹여 보세요. 대림환을 밝힌 촛불처럼 주위를 밝히는 작은 빛을 이웃에게 선물해 보세요.

대림 제11일차

자주 미소 짓기

 스트레스를 받으면 사람들은 짜증을 내기 마련입니다. 스트레스가 쌓이면 기분이 좋지 않고, 삶의 질도 떨어지기 때문입니다. 스트레스를 해소하지 못하면 마음이 냉정해지고, 자꾸 화가 납니다.

 그러면 어떻게 해야 스트레스가 풀릴까요? 우리는 언제, 어떻게 해야 스트레스가 풀리는지 경험을 통해 알고 있습니다. 어린아이가 나를 보며 방긋 웃으면 잠시나마 얼었던 마음이 사르르 녹습니다. 잔뜩 화가 나 있다가도 누군가 나에게 온화하게 미소를 지으며 친절하게 말을 건네면 나도 모르게 스르르 기분이 풀립니다. 이처럼 따뜻한 미소, 친절한 몸짓은 스트레스를 풀어 줍니다.

　우리는 혼자 살 수 없습니다. 사람들과 어울려 살게 되지요. 그래서 우리가 주는 만큼 받고, 받는 만큼 주게 됩니다. 따라서 다른 사람에게 따뜻한 미소, 친절함을 느끼고 체험하고 싶다면 먼저 따뜻한 미소를 지어 보이고, 친절한 행동을 해야 합니다. 그것은 바로 우리에게 되돌아오기 때문입니다. 이러한 행동이 강력한 해독제가 되어 우리 마음속에 쌓여 있는 독기를 없애 줄 것입니다.

　그러니 오늘은 다른 사람에게 눈인사를 건네고, 눈이 마주치면 방긋 웃어 주세요. 따뜻하게 웃으며 친절하게 말을 건네주세요. 그것 또한 성탄을 준비하는 하나의 방법이라는 점을 잊지 마세요.

우리가 잘 모르는 사실이 하나 있습니다.

빙긋이 웃으면 좋은 일이 많이 일어난다는 사실입니다.

성녀 마더 데레사

왜 웃지 않으십니까?

저는 밤낮으로 무거운 긴장감에 시달려야 했습니다.

만약 제가 웃지 않았다면, 저는 이미 죽었을 것입니다.

아브라함 링컨(정치가)

오늘 당신에게 권하고 싶은 일

여러분, 주위를 둘러보세요.

표정이 어둡거나 화가 잔뜩 나 있는 사람이 보이나요?

그런 사람이 있다면 다정하게 다가가 그들의 마음을 잘 헤아려 주고 따뜻한 마음으로 감싸 주세요.

대림 제12일차

소중한 추억 만들기

 누구도 자신의 출생을 부인할 수 없습니다. 우리는 부모님에게서 가장 많은 영향을 받았습니다. 그분들과 지냈던 시간은 평생 우리에게 소중한 추억으로 남습니다. 대림 시기에 아기 예수님의 탄생을 기다리며 크리스마스트리를 꾸미고 함께 기도한 일, 크리스마스이브와 주님 성탄 대축일에 가족이 모여 음식을 나누고 함께한 일은 세월이 흘러도 쉽게 잊지 못합니다. 이런 기억들은 스트레스를 없애고 주님께로 이끄는 효과적인 치료제입니다.

 그런데 이런 기억을 다시 꺼내 보려면 계기가 필요합니다. 대림 시기와 주님 성탄 대축일이 바로 그런

계기가 되지요. 크리스마스트리, 장엄한 미사 예식, 가족끼리 나누던 성탄 선물 등이 아직도 우리 기억 속에 아련히 남아 있으니까요.

  오늘은 온 가족이 촛불을 켜고 도란도란 둘러앉아 보세요. 가족끼리 모여 아름다운 옛 추억들을 되살려 보세요. 이처럼 익숙해진 것들과 마음속에 아끼는 것들을 소중히 간직하는 하루가 되기 바랍니다.

예수님은 기쁨이, 말로 표현할 수 없는 기쁨조차,
어떻게 한 올 한 올 사랑을 엮어 가는지 우리에게
일깨워 주십니다. 기쁨은 반드시 참된 사랑을 동반하고,
생일, 세례식, 성인식, 결혼식, 서품식, 심지어 장례식까지
특별하게 서로의 사랑을 나누고 축하하는 모든 경우에
수반됩니다. 우리는 행복에 넘쳐 특별한 친구들과
함께하고 가족이 모이는 자리에 참여합니다.
사랑에서 발산되는 것 중에 기쁨보다
더 분명한 것은 없습니다.

제럴드 오콜린스 신부
《성자처럼 즐겨라!》 중에서

그 누구도 혼자서는 지혜로울 수 없습니다.

플라우투스(작가)

오늘 당신에게 권하고 싶은 일

어린 시절에 보고 겪은 아름다운 대림 시기의 풍습을 떠올려 보세요. 그리고 온 가족이 둘러앉아 그 풍습들에 대해 이야기해 보기 바랍니다.

우리가 결코 잊어서는 안 되는 것이 생각나지 않으세요? 그것들 중 다음 세대에게 물려주고 싶은 것들을 찾아보세요.

떠오른 것이 있다면 그것을 미루지 말고 아이들과 함께 해 보시기 바랍니다.

대림 제13일차

감사하는 마음 갖기

포도를 경작하는 농사꾼이 있었습니다. 그는 농사가 잘되면 이렇게 말했습니다.

"내가 농사를 잘 지어서 그렇지!"

그런데 농사가 잘 안 되면 이렇게 말했습니다.

"하느님께서 그렇게 하셨는데 내가 뭘 할 수 있겠어!"

잘되면 다 내 덕이고, 잘 안 되면 하느님 탓으로 돌립니다.

그런 식으로 생각하면 결코 주님과 가까워질 수 없을 뿐만 아니라 스트레스를 받습니다. 성공할 때마다 자신이 잘해서 그런 것이라고 생각하면 매번 잘해야 한다고, 스스로 과도한 압박감을 느끼기 때문입니다.

또한 실패에 대한 책임을 다른 사람에게 돌리면 대인 관계가 나빠지고, 또 하느님께 불만을 가지게 되어 불신과 불만족으로 가득 차 스트레스를 받게 됩니다. 이런 문제를 확실하게 해결하는 방법이 있습니다. 그것은 바로 감사하는 마음을 갖는 것입니다. 어떤 일이 잘되면 우리는 기뻐합니다. 하지만 그 일을 혼자서는 할 수 없었다는 사실을 깨닫게 된다면 기쁨은 더 커질 것입니다.

우리는 항상 감사해야 할 이유를 가지고 있습니다. 주변 사람들에게 감사해야 하고, 사랑하는 하느님께 감사해야 합니다. 감사할 줄 아는 사람은 실패를 더 쉽게 극복합니다. 실패의 책임을 항상 다른 사람에게 묻지 않습니다. 감사한 마음이 언제나 마음 깊이 자리 잡고 있기 때문입니다.

그러니 오늘은 우리 주변에 있는 모든 이에게 감사하는 마음을 가져 봅시다.

성당에 가면 저는 선하신 하느님께 이렇게 말을 겁니다.
"주님, 제가 왔나이다.
당신이 원하시는 것을 제게 주소서."
만약 그분이 제게 어떤 것이라도 주시면 저는 행복하여
그분께 감사드립니다. 만약 아무것도 주시지 않는다 해
도 감사드립니다. 저는 어떤 것을 받을 만큼
자격이 있는 사람이 아니기 때문입니다.

가타리나 라부레 수녀

주님께서는 우리에게 위대한 행위가 아니라 그저 헌신과
감사만을 원하십니다. 그분은 우리의 업적이 아니라
오로지 우리의 사랑만을 필요로 하십니다.

아기 예수의 데레사 성녀

오늘 당신에게 권하고 싶은 일

직장 동료, 부하 직원들, 그리고 여러분과 함께 일하고 있는 사람들에게 업무를 잘 처리해 줘서 고맙다고 인사해 보세요. 또 기회가 있을 때마다 주저하지 말고 하느님께 감사의 인사를 드리기 바랍니다.

대림 제14일차

모든 사람을 귀하게 대하기

우리는 한 번 쓰고 버리는 일회용품을 자주 사용합니다. 특히 크리스마스가 다가오면 평소보다 그런 물품을 자주 사용하게 됩니다. 크리스마스 선물에 쓰이는 포장과 각종 비닐 봉투, 파티 때 쓰는 일회용 물품 등으로 말입니다. 그래서 크리스마스 다음 날이 되면 거실이나 거리에는 포장 박스, 포장지, 비닐 등이 산더미처럼 쌓입니다. 이는 전부 내다 버려야 하는 쓰레기입니다.

프란치스코 교황님은 현대 사회를 가리켜 '일회용 소비 사회'라고 말씀하셨습니다. 이 말씀에는 현대 사회에 대한 신랄한 비판이 담겨 있습니다. 일회용 물품

처럼 사람도 한 번 사용하고 버리는 모습에 대한 비판입니다. 탈출한 난민들을 제때 구조하지 않아 어른들뿐 아니라 아이들마저 죽어 가는 일이 발생하고 있습니다. 부부가 마음이 맞지 않는다며 쉽게 헤어지는 일도 다반사입니다. 정신적·육체적으로 장애가 있는 사람이 이웃에 사는 것을 싫어한다든지, 사회에서 정해 놓은 틀 밖에 있는 사람들을 골칫거리로 여기기도 합니다. 이런 마음은 그들에게 이 사회에서 살 가치가 없다고 낙인을 찍는 것입니다. 우리는 이런 사람들을 새로운 눈으로 바라보아야 합니다.

모든 사람은 하느님의 자녀이고, 소중한 존재입니다. 설령 그 사람이 내가 싫어하는 사람이더라도 예수님은 나를 사랑하시는 것처럼 그 역시 사랑하실 것입니다. 어떤 사람이든 그들은 모두 축복받은 존재입니다. 그러니 오늘 하루는 다른 사람을 소중히 여기며 그들을 보호하려고 노력해 보세요. 다른 사람을 새로운 눈으로 보고 아껴 주세요.

하늘 아래 인간이 가질 수 있는 가장 큰 선물은,
함께하는 이들과 잘 사는 것입니다.

아시시의 에지디오 복자

노숙자 한 명이 죽었다면 뉴스가 되지 않지만,
주가가 10% 떨어졌다면 비극적 소식이 됩니다.
이런 식으로 사람은 마치 쓰레기처럼 버려지고 있습니다.

프란치스코 교황

오늘 당신에게 권하고 싶은 일

한 집에 살고 있는 가족들, 함께 일하는 동료들, 우연히 길에서 마주친 사람들을 찬찬히 쳐다보세요. 나와 함께 하는 배우자, 자녀, 친구, 동료 모두가 참으로 소중한 사람들입니다. 세상에 단 하나밖에 없는 소중한 존재들이지요. 이들이 내 옆에 있다는 것은 나에게는 큰 축복입니다.

오늘은 여러분 곁에 있는 사람들에게서 좋은 모습, 따뜻한 모습, 은총으로 충만한 모습을 보세요. 그리고 그들을 위해 기도해 보는 것은 어떨까요?

대림 제15일차

성탄 장식 하기

날씨가 무척 춥습니다. 이런 날씨에는 아무 데도 가기 싫고 집 안에만 있고 싶습니다. 이런 날 괜히 밖으로 나갔다가는 찬바람에 덜덜 떨거나, 거리에 북적이는 인파에 시달리기 십상입니다.

그런데 춥다고 집에만 있으면 축 늘어지고 맙니다. 침대와 한 몸이 된 것처럼 하루 종일 누워 있으면 배우자나 부모님의 눈총을 받게 됩니다. 그렇다고 하루 종일 아무것도 안 하고 쉰다고 해서 피로가 풀리는 것도 아닙니다. 그렇다면 이렇게 무작정 쉬는 것보다는 의미 있는 일을 해 보는 것은 어떨까요?

온 가족이 함께 대림환과 크리스마스트리를 장식

하여 집 안을 꾸며 보세요. 이렇게 집을 꾸미면 단순히 집을 꾸미는 것을 넘어서, 우리의 마음을 환하게 밝혀 주는 빛과 따뜻한 온기를 느낄 수 있습니다. 이렇게 잠깐 수고하면 가족들의 얼굴이 환하게 바뀝니다. 그리고 그들이 즐거워하는 모습을 보면서 우리의 스트레스는 말끔히 녹아내립니다.

여러분의 마음속은 어떤가요? 아무리 세상이 각박하고 힘들어도 우리 마음까지 차갑고 어두워져서는 안 됩니다. 촛불과 크리스마스트리로 집 내부를 장식하듯이 우리의 마음속도 가끔씩은 따뜻한 온기로 장식해 주어야 합니다.

오늘은 가족들과 함께 성탄 장식을 꾸며 주님 성탄 대축일을 준비해 보는 것은 어떨까요?

좋은 집이란 구입하는 것이 아니라, 만들어지는 것입니다.

조이스 메이나드(작가)

가정이야말로 고달픈 인생의 안식처요,

모든 싸움이 자취를 감추고 사랑이 싹트는 곳이요,

큰 사람이 작아지고 작은 사람이 커지는 곳입니다.

허버트 조지 웰스(작가)

오늘 당신에게 권하고 싶은 일

오늘은 집 안을 꾸며 보세요. 그리고 그렇게 꾸민 집 안에서 가족들과 함께 즐거운 시간을 보내 보세요. 또 대림환에 있는 촛불을 켜서, 마음을 따뜻하고 환하게 밝혀 보세요.

대림 제16일차

나를 사랑하기

우리는 남보다 뒤쳐진다는 느낌을 받는 때가 많습니다. 그리고 그런 느낌 때문에 스트레스를 받게 되지요. 그런데 엄밀히 따지면 우리가 스트레스를 받는 것은 대림 시기에 만난 주위 사람들 때문이 아니고, 그들과 나눈 대화 때문도 아닙니다.

그 이유는 세상을 살면서 스스로에게 너무나 많은 것을 요구하고 있기 때문입니다. 높은 목표를 정해 놓고 거기까지 도달하려고 안달복달하고 있는 것입니다.

그렇다면 우리는 왜 그러는 것일까요? 다른 사람에게 멋있게 보이고 싶어서? 다른 사람에게 인정받고 싶어서? 아니면 자신에게 동기 부여를 하고 싶어서?

어떤 이유에서든지 그렇게 행동하는 것은 우리에게 좋은 일이 아닙니다. 특히 주님 성탄 대축일을 앞둔 대림 시기에는 더더욱 그렇습니다. 예수님이 오신 기쁨 대신 스트레스만 늘어 갈 뿐이죠.

감당하기 힘든 일이나 너무 무리한 일을 자신에게 요구해서는 안 됩니다. 하느님께서도 그것을 원치 않으십니다. 하느님께서는 우리에게 알맞은 일을 주셨습니다. 우리 마음에 와 닿는 일을 하도록 하셨죠. 우리 각자마다 각각의 재능을 주셨습니다. 사람마다 능력과 재능은 다 다릅니다.

게다가 대림 시기는 경쟁을 위한 시간이 아닙니다. 이 시기는 예수님을 기다리며 인내하는 시간입니다. 이러한 시기에 남보다 뒤쳐진다는 느낌 때문에 스트레스를 받는다면 자기 자신에게 과도한 요구를 하고 있는 것은 아닌지 되돌아봐야 할 때입니다.

중요한 일은 자신에게 지금 부여된 길을
똑바로 나아가고 그것을 다른 사람들의 길과
비교하지 않는 것입니다.

> 헤르만 헤세(작가)

우리는 우리가 지닌 열다섯 가지 재능으로
칭찬받으려 하기보다 갖고 있지 않은 한 가지 재능으로
자신을 돋보이려 안달합니다.

> 마크 트웨인(작가)

오늘 당신에게 권하고 싶은 일

자신에게 과도한 요구를 하고 있지는 않은지 한번 살펴보기 바랍니다. 만약 그렇다면 기대치를 낮추는 것은 어떨까요?

스스로에게 너무 부담을 주지 말고 마음을 편하게 갖기를 바랍니다. 여러분이 할 수 있는 일, 여러분 마음에 와닿는 일을 하기 바랍니다. 그리고 가능하다면 기쁜 마음으로 일하기 바랍니다. 그러면 일이 술술 잘 풀리는 것을 느끼게 될 것입니다.

대림 제17일차

고민하지 않기

 우리는 갖고 싶은 것이 참 많습니다. 하지만 그걸 다 얻을 수는 없습니다. 게다가 우리가 갖고 싶어 하는 것은 다른 사람들도 원하기 때문에 더더욱 갖기 어렵습니다. 이때 어리석은 사람들은 수단과 방법을 가리지 않고 어떻게 해서든지 그것을 손에 넣으려고 애를 씁니다. 하지만 원하는 것을 얻기는커녕 괜히 힘만 들고 스트레스만 쌓이는 경우가 많습니다.

 행복도 이와 마찬가지입니다. 심리학자들은 행복에 대해 이렇게 설명합니다. 무슨 수를 써서라도 행복을 손에 넣으려고 하면 할수록 오히려 행복을 놓치게 된다고 말입니다.

행복을 먼 곳에서 찾고 있지는 않나요? 행복을 찾으려다 오히려 스트레스를 받은 적은 없나요? 이를 위해 얼마나 많은 시간과 노력을 허비했습니까? 많은 사람이 이처럼 행복과는 전혀 동떨어진 엉뚱한 길에서 헤매고 있습니다. 이것은 마치 마법에 걸려 옴짝달싹하지 못하는 것과 같습니다.

행복은 곁가지처럼 슬쩍 따라오는 것입니다. 행복은 세상 사람들이 전부 몰려가는 길 말고 옆으로 난 작은 길에 있으니까요. 그러니 한 가지만 염두에 두면 행복해질 수 있습니다. 그것은 바로 '내가 어떻게 해야 행복해질 수 있을까?' 하고 고민하지 않는 것입니다. 고민하는 대신 내가 의미 있다고 생각하는 일에 전념하세요. 그리고 나를 신뢰하는 사람들과 내가 소중하게 생각하는 사람들 곁에 있어 주세요. 내가 할 수 있는 범위 내에서 능력을 발휘해 보세요.

오늘은 이처럼 행복에 관한 고민을 버리고 의미 있다고 생각하는 일에 전념해야 할 때입니다.

행복을 수중에 넣고 싶다면 행복 그 자체를
인생의 목표로 생각하지 말고 행복 이외의 어떤 다른 것을
인생의 목표로 삼으십시오.

존 스튜어트 밀(철학자, 경제학자)

행복을 두 손 안에 꽉 잡고 있을 때는 그 행복이 항상
작아 보이지만, 그것을 풀어 준 후에는 비로소
그 행복이 얼마나 크고 귀중했는지 알 수 있습니다.

막심 고리키(작가)

오늘 당신에게 권하고 싶은 일

여러분이 중요하다고 생각하는 일, 여러분의 마음에 맞는 일, 여러분이 의미 있다고 생각하는 일을 해 보세요. 그리고 그 일을 하다가 지나치다고 생각이 들면 즉시 멈추세요.

대림 제18일차

멈추어 보기

기쁨 아니면 걱정,
오른쪽 아니면 왼쪽,
커피 아니면 차,
바지 아니면 치마,
자동차 아니면 기차 등등.

우리는 끊임없이 결정과 선택을 하면서 살아갑니다. 이렇게 결정을 내릴 때 우리는 어쩔 수 없이 딱 한 가지만 선택해야 한다고 여기곤 합니다. 그러나 사실 우리가 둘 중 하나를 선택해야 한다고 생각할 때 오히려 다른 가능성이 있는 경우가 많습니다. 다른 가능성은 미처 떠올리지 못한 채 반드시 두 가지 중 하나를 선택해야 한다고 여기지만 길은 반드시 하나가 아닌 것입니다.

또한 한쪽 길에 이미 들어섰기 때문에 다른 길을 발견하지 못하는 경우도 많습니다. 오로지 그 길로만 가야 한다고 생각하기 때문입니다. 길을 가다가 그 길이 막다른 골목이라는 사실을 깨달았다면 그 자리에서 잠시 멈추어 보세요. 그리고 예수님이라면 어떻게 말씀하셨을지 생각해 보세요. 주님 성탄 대축일에 우리에게 오실 예수님은 이렇게 말씀하실 것입니다.

"네가 있는 곳에 항상 길이 있다! 그 길을 혹시 보지 못하면 도움을 받아라! 하지만 명심해라. 길은 분명히 있다!"

오늘 결정을 내릴 일이 있다면 잠깐 생각을 멈춰 보세요. 그리고 분명히 길이 있다고 생각하며 다시 한 번 찬찬히 살펴보세요. 이미 결정을 내렸더라도 상관없습니다. 길은 분명히 있다고 생각하며 멈춰 보는 것이 중요하기 때문입니다.

사람들은 존재하는 것들을 보며 "왜?"라고 말합니다.
저는 존재한 적이 없는 것들을 꿈꾸며 "왜 안 돼?"라고
말합니다.

조지 버나드 쇼(작가)

끝날 때까지 끝난 것이 아닙니다.

요기 베라(운동선수)

오늘 당신에게 권하고 싶은 일

여러분의 근심 걱정을 다른 사람에게 털어놓고 조언을 구해 보세요. 그리고 어떤 일이 생겨도 빠져나갈 수 있는 길이 있다고 믿으세요. 언제 어떤 상황에서든지 하느님께서 항상 우리 곁에 계시다는 믿음을 가지세요. 하느님께서는 당신이 기쁨을 향해 나아가는 길을 찾기를 바라고 계십니다.

대림 제19일차

엉뚱하게 스트레스 풀지 않기

힘들다는 생각이 들면 괜히 나 자신에게 무언가를 해 주고 싶어집니다. 그래서 평소보다 술을 많이 마시거나, 값비싼 음식점에 가서 과식을 한다거나, 평소에 잘 먹지도 않는 단 음료 등을 마시곤 합니다. 이렇게 해 줘야 기분이 나아진다고, 이걸로 나 자신에게 보상을 해 주어야겠다고 다짐하지요. 힘들다는 핑계로 온갖 대리 만족을 시도하는 것이지요.

그런데 이러한 대리 만족으로는 스트레스를 풀 수 없습니다. 오히려 이런 식으로 '스트레스를 풀어야 돼.' 하고 생각하다 보면, 신경이 더 날카로워집니다. 그러다 보면 스트레스를 받는다고 또다시 폭식이나

폭음을 하게 됩니다. 그런 다음 피곤한 상태에서 스트레스를 푼다고 텔레비전이나 컴퓨터 앞에 하루 종일 멍하니 앉아 있게 되지요. 결국 이 악순환에서 벗어나지 못하게 됩니다.

이럴 때에는 차라리 대리 만족을 포기하는 편이 울적한 기분을 해소하는 데 큰 효과를 볼 수 있습니다. 악순환을 멈추고 다른 방법으로 새롭게 시작하는 편이 우리에게 도움이 됩니다. 지나침은 모자람만 못하기 때문이지요.

오늘 기분이 나쁘다는 이유로 열량이 높은 음식을 먹거나 스트레스를 풀 겸 컴퓨터 게임을 하고 있다면 즉시 그 행동을 멈추어 보세요. 그리고 다른 건강하고, 효과적인 방법이 없을지 한번 생각해 보세요.

내면의 태도를 바꾸면 삶의 외면도 바꿀 수 있습니다.

윌리엄 제임스(심리학자)

세상에는 언제나 고통이 있지만 일단 견뎌 내기만 하면
모든 것이 경이로움으로 가득 차게 됩니다.

볼테르(철학자)

오늘 당신에게 권하고 싶은 일

갑자기 몸에 좋지 않은 음식이 먹고 싶다거나 술을 마시고 싶다거나 옛 연인이 보고 싶다거나 다른 데 눈을 돌리고 싶은 생각이 들 때 그런 욕구를 과감하게 물리쳐 보세요. 무언가 제대로 하고 싶다면 조금 더 신중하게 제대로 즐겨 보세요! 새롭게 즐겨 보세요!
성탄은 완전히 새로운 것을 위한 축제입니다.

대림 제20일차

기쁨을 주는 것 찾기

일출 보기, 눈길 산책, 맛있는 식사, 향 좋은 와인 한잔, 건강한 가족, 진정한 웃음, 아름다운 대림환 등 이 세상에는 우리에게 기쁨을 선사해 주는 것이 참 많습니다. 그리고 이 모든 것에 기뻐할 줄 아는 것은 우리가 가진 특별한 능력입니다.

이 특별한 능력은 우리가 어떻게 하느냐에 달려 있습니다. 우리는 같은 상황에서 기쁨을 얻을 수도 있고 기쁨을 얻지 못할 수도 있습니다. 기쁨을 얻고 싶다면 눈을 크게 뜨고, 마음의 문을 활짝 열어 세상을 향해 나아가야 합니다. 또한 가던 길을 멈추고 스스로를 돌아볼 수 있어야 합니다. 고통스러운 일이 밀려와도 그 안에서 좋은 면을 찾아봐야 합니다. 이렇듯 용기를 내어 앞으로 나아간다면 우리는 정말 특별한 빛이 나는 사람이 될 수 있습니다. 기쁨이 온몸에 배어 쳐다보기만 해도 눈부신 사람이 될 수 있습니다.

그러니 오늘은 우리에게 기쁨을 선사하는 것들을 찾아봐야 할 때입니다. 주님이 주신 특별한 능력을 믿고 주변을 찬찬히 둘러봐야 합니다.

인생은 흘러가는 것이 아니라 채워지는 것입니다.
우리는 하루하루를 보내지 말고 내가 가진 무엇으로
채워 가야 합니다.

존 러스킨(미술 평론가)

행복의 원칙은 세 가지입니다.
첫째, 어떤 일을 할 것,
둘째, 어떤 사람을 사랑할 것,
셋째, 어떤 일에 희망을 가질 것!

임마누엘 칸트(철학자)

오늘 당신에게 권하고 싶은 일

아름다운 광경을 보게 되면 잠시 멈춰 서서 그것을 보고, 느낄 수 있음에 기뻐하세요. 그리고 은총을 듬뿍 주신 하느님께 감사드리세요.

대림 제21일차

고요함을 느껴 보기

눈발이 조용히 날리고
호수는 고요히 쉬고 있는데
성탄답게 숲은 반짝거린다.
기뻐하라, 아기 예수님이 곧 오신다!

이는 19세기 후반 어린이들이 즐겨 부르던 성탄 동요라고 합니다. 성탄의 낭만적인 풍경을 그리고 있지요. 하지만 현실은 다릅니다.

날씨부터 이야기한다면 주님 성탄 대축일에 눈이 내리지 않는 경우가 더 많습니다. 또 '고요히'라는 단어는 주님 성탄 대축일과 어울리지 않습니다. 대림 시기 내내 주변은 시끄럽고, 그러다 보면 마음이 싱숭생숭해질 수도 있습니다. 하지만 주님 성탄 대축일이 다가온다고 다들 들뜨고 즐거워 보이는데 나 혼자 차분해진다면 오히려 소외감을 느낄 수도 있습니다. 아기 예수님의 탄생을 기다리고, 떠들썩하게 함께 축하해야 할 것만 같은데 어쩐지 그럴 마음이 들지 않아서 괴로울 수도 있습니다.

하지만 그럴 필요 없습니다. 물의 수면을 떠올려 보세요. 아무리 물결이 출렁거려도 깊은 물속은 언제나 고요하답니다.

오늘은 주변 분위기에 흔들리지 말고 나만의 방식으로 아기 예수님이 우리 곁에 오심을 축하해 보세요. 그리고 신나게 사람들과 어울리다가도 잠시만이라도 고요한 순간을 보내 보세요. 고요함 속에 주님과 함께하는 거룩한 은총의 시간이 숨어 있습니다.

어린 왕자가 말했다.

"사람들은 어디에 있어? 사막은 조금 외롭구나……."

뱀이 대답했다.

"사람들과 함께 있어도 외롭기는 마찬가지야."

생텍쥐페리
《어린 왕자》 중에서

우주가 얼마나 큰 것인지를 가르쳐 주는 것은

거대한 고독 뿐입니다.

알베르 카뮈(작가)

오늘 당신에게 권하고 싶은 일

아무것에도 신경 쓰지 않고 단 몇 분만이라도 고요함에 빠져 보세요.
휴식 시간에 아무것도 하지 말고 그냥 편안하게 앉아서 마음의 소리에 귀를 기울이면서 마음을 가라앉혀 보세요.
마음이 평온해지는 것이 느껴지나요?
이 연습을 자주 하게 되면 기쁨을 발견할 수 있습니다.

대림 제22일차

해묵은 감정 털어 내기

언젠가는 꼭 털어 버려야 하는 일이 있습니다. 그것은 바로 원한, 즉 해묵은 감정입니다. 이러한 감정에는 마음에 상처가 되어 두고두고 잊지 못하는 일도 있고, 가슴에 응어리로 남아서 잘 풀리지 않는 일도 있습니다. 다른 사람은 이런 당신의 마음을 잘 모릅니다. 게다가 이런 마음을 입 밖에 꺼내 놓았다가는 속좁은 사람이 될 것 같아서 내색조차 하기 어렵습니다.

사실 마음으로 용서하기까지는 정말 오랜 시간이 걸립니다. 그래서 시간이 지날수록 그 일을 얼른 털어 버리지 못한다고 스스로를 비난하며 스트레스를 받기도 합니다. 하지만 용서는 쉬운 일이 아닙니다.

이럴 때는 차라리 이해해 보려고 노력해 보세요. 다른 사람의 행동이 모두 나쁜 것은 아니라는 생각, 그런 생각만으로도 문제를 해결할 실마리가 될 수 있습니다.

'저 사람이 이런 점을 조금만 고쳐 줬으면 참 좋겠는데……'

이런 생각을 해 보는 것은 큰 도움이 됩니다. 또 그 사람을 위해서 기도를 드리는 것도 좋습니다. 이 모든 것이 묵은 감정을 털어 내는 데 도움이 됩니다. 그를 용서하고 화해를 하면 삶이 다시 유쾌해집니다.

주님 성탄 대축일은 화해의 축제입니다. 그날은 하느님께서 우리 인간과 함께 새롭게 시작하신 날입니다. 하느님께서는 예수님을 통해 우리가 새롭게 시작할 수 있도록 길을 열어 주셨습니다. 하느님께서는 이렇게 우리를 용서하시고 받아 주셨습니다. 그러니 여러분도 오늘은 해묵은 감정을 털어 버리고 내게 잘못한 사람을 용서해 주는 것은 어떨까요? 그러면 주님 성탄 대축일을 훨씬 더 기쁘게 맞이할 수 있을 것입니다.

그때에 베드로가 예수님께 다가와,

"주님, 제 형제가 저에게 죄를 지으면 몇 번이나

용서해 주어야 합니까? 일곱 번까지 해야 합니까?"

하고 물었다. 예수님께서 그에게 대답하셨다.

"내가 너에게 말한다. 일곱 번이 아니라

일흔일곱 번까지라도 용서해야 한다."

마태 18,21-22

진정 강한 인간이 되고 싶다면 물과 같아져야 합니다.

노자(철학자)

오늘 당신에게 권하고 싶은 일

여러분의 마음을 아프게 하고, 상처를 준 사람, 여러분을 실망시킨 사람들을 생각해 보기 바랍니다. 그들과 여러분이 화해를 한다면 커다란 짐을 벗어 버릴 수 있습니다. 그러면 진짜 성탄을 맞이할 수 있습니다.

대림 제23일차

받아들이기

내일은 주님 성탄 대축일 전야입니다. 그런데 어쩐지 마음이 편안하지가 않습니다. 성탄 선물 사는 것을 깜빡 잊었나요? 혹시 주님 성탄 대축일 전에 꼭 처리해야 할 일이 있었는데 처리하지 못한 것이 떠올랐나요? 아니면 잊고 있었던 일이 갑자기 생각난 것인가요? 아니면 성탄 기분이 나지 않아서 그런 것인가요?

오늘은 다들 정신없이 바쁩니다. 얼른 일을 처리하고 예수님의 성탄을 맞이하고 싶어 하기 때문입니다. 그러다 보니 여유가 없고 신경이 곤두서게 됩니다. 그런데 기분이 나쁘다고, 마음이 불편하다고 다른 사람에게 화를 내거나, 싸움을 거는 것은 전혀 도움이 되지 않습니다.

마음에 들지 않는 일이 있어도 그 상태를 받아들일 줄 알아야 합니다. 그 일을 두고 오래 생각해 보아도 아무런 소용이 없기 때문입니다.

오늘은 내가 할 수 있는 일과 할 수 없는 일, 그러니까 내가 바꿀 수 있는 일과 바꿀 수 없는 일을 하나하나 구분해 보세요! 이 방법은 오래전부터 내려오는 삶의 지혜입니다. 이런 삶의 지혜를 마음에 간직하는 것은 하느님에 대한 믿음을 몸소 실천하는 좋은 방법이기도 합니다.

하느님, 제가 바꿀 수 없는 일들을 받아들이는
평온함을 주시고
바꿀 수 있는 일들을 바꾸는 용기를 주시며
이를 구별할 수 있는 지혜를 주십시오.

라인홀트 니부어 (신학자)

사람들이 그들의 가장 바람직한 모습이 될 수 있도록
도와주세요. 그리고 그들이 이미 가장 바람직한 모습이
된 것처럼 대해 주세요.

요한 볼프강 폰 괴테 (작가)

오늘 당신에게 권하고 싶은 일

오늘은 여러분의 불만을 잠재우기 바랍니다. 그리고 기쁜 마음으로 주님 성탄 대축일 전야를 맞이하기 바랍니다. 못마땅한 점이 있더라도 오늘만은 그냥 넘겨 보세요.

대림 제24일차

주님께 맡기기

하느님께서 사람이 되셨습니다. 이것이 바로 주님 성탄 대축일이 주는 메시지입니다. 이 세상을 지으시고 우리를 만드신 창조주께서, 우리 인간을 굽어보시고 우리와 똑같은 인간으로 이 땅에 오셨습니다. 그분이 바로 예수님입니다.

주님 성탄 대축일은 예수님의 탄생을 축하하는 날입니다. 예수님은 우리의 마음을 이해하시고, 우리를 도와주시고, 우리와 똑같은 삶을 사셨습니다.

하지만 예수님이 인간이 되셨다고 해서 우리가 거꾸로 하느님이 될 수 있는 것은 아닙니다. 우리는 인간의 한계를 인정하고 받아들여야 합니다. 그 한계를 넘어서지 못했다고 서운해하지 마세요.

　우리 주변에는 우리가 어찌할 수 없는 일이 많습니다. 그것을 다하려고 애쓰지 마세요. 되면 되는 대로 되지 않으면 그런 대로 주님께 맡기세요. 그렇게 자신의 한계를 인정하고 받아들여야 우리는 진정 인간다운 삶을 살 수 있습니다.

　그러니 오늘은 자신의 능력으로 할 수 없는 일은 잊어버리세요. 그리고 우리와 똑같이 인간으로 이 땅에 오신 예수님을 조용히 묵상해 보세요.

과거는 하느님의 자비에 맡기고,

현재는 하느님의 사랑에 맡기고,

미래는 하느님의 섭리에 맡기세요.

아우구스티노 성인

모든 것 안에서 하느님을 찾는다면

우리 곁에 계신 하느님을 발견하게 될 것입니다.

베드로 클라베르 성인

오늘 당신에게 권하고 싶은 일

촛불을 켜고 예수님의 성탄을 축하하세요. 우리 곁에 함께 계시려고 우리와 같은 사람이 되신 예수님의 탄생을 기뻐하세요. 마지막으로 모든 준비를 마치고 조용히 앉아 주님 성탄 성야의 빛을 여러분의 삶과 마음속에 받아들이세요. '인간적인' 하느님의 숨결을 느껴 보세요.

주님 성탄 대축일
예수님 찾기

주님은 세상에서 가장 낮고 보잘것없는 곳으로 오셨습니다. 하느님께서는 외양간에서 태어나셨습니다. 예수님의 탄생에는 놀라운 메시지가 담겨 있습니다. 그것은 '절대로 두려워하지 마라!'라는 뜻입니다.

하느님께서 '하느님의 모습'을 보이지 않으시고, 천대받고 있는 모습을 보이시더라도 두려워하지 마십시오. 꺼림칙해서 소름이 끼치고 부끄럽고 민망해도 두려워하지 마십시오. 당장 그 자리를 박차고 나오고 싶더라도 마음을 진정하세요. 바로 그곳에서 여러분은 위대하신 하느님을 보게 될 것입니다.

하느님은 여러분을 사랑하십니다. 그래서 그분이

계실 거라고 꿈에도 생각하지 않은 곳에, 그분과 전혀 '어울리지 않는 곳'에 당신의 모습을 드러내십니다.

오늘은 우리가 기대하지 않는 곳에 계시는 예수님을 찾아보세요. 예수님의 모습이 우리가 바라는 그 모습이 아니더라도 그분을 찾으려고 애써 보세요. 오늘 우리가 예수님의 모습을 찾을 수 있다면 주님 성탄 대축일의 의미가 더욱 풍성해질 것입니다.

하느님의 아드님도 이 땅에 올 때
집 없는 사람이었습니다.

프란치스코 교황

그 고장에는 들에 살면서 밤에도 양 떼를 지키는 목자들이 있었다. 그런데 주님의 천사가 다가오고 주님의 영광이 그 목자들의 둘레를 비추었다. 그들은 몹시 두려워하였다. 그러자 천사가 그들에게 말하였다. "두려워하지 마라. 보라, 나는 온 백성에게 큰 기쁨이 될 소식을 너희에게 전한다. 오늘 너희를 위하여 다윗 고을에서 구원자가 태어나셨으니, 주 그리스도이시다. 너희는 포대기에 싸여 구유에 누워 있는 아기를 보게 될 터인데, 그것이 너희를 위한 표징이다." 그때에 갑자기 그 천사 곁에 수많은 하늘의 군대가 나타나 하느님을 이렇게 찬미하였다.
"지극히 높은 곳에서는 하느님께 영광,
땅에서는 그분 마음에 드는 사람들에게 평화!"

루카 2,8-14

오늘 당신에게 권하고 싶은 일

외양간 구유에 누워 계신 아기 예수님을 보기 바랍니다. 가장 비천한 곳에 계시지만 그분은 하느님이십니다.
완벽해지려고 애쓰지 마세요. 삶을 애써 바꾸려고도 하지 마세요. 하느님께서는 있는 그대로 여러분의 모습을 사랑하시기에 여러분 곁에 오셨습니다.
그분은 주님 성탄 대축일이 지난 후에도 여러분 곁에 항상 함께 계십니다. 새해에도 그리고 무척 힘든 날에도 하느님의 다정한 손길은 항상 여러분의 어깨를 다독일 것입니다.

부록

마음의 평온을 찾는 십계명

요한 23세 성인 교황님은 〈마음의 평온을 찾는 십계명〉을 만들어서 직접 실천하셨습니다. 이 십계명은 삶의 스트레스를 해소하고, 마음의 평온을 찾으려는 사람들에게 큰 도움을 주었습니다.

여러분도 여기서 소개하는 〈마음의 평온을 찾는 십계명〉을 따르며 신앙생활에서 평온을 찾아보세요.

오늘, 오늘만이라도

내 인생의 문제를 한번에 해결해야겠다는 생각을 하지 말고, 하루를 살아야겠다.

오늘, 오늘만이라도

신중하게 행동해야겠다.

다른 사람을 비판하거나 다른 사람의 잘못을 고치겠다는 생각을 버려야겠다. 내가 비판하고 고쳐야 하는 사람은 바로 나 자신이다.

오늘, 오늘만이라도

나는 행복하게 살기 위해 태어났고, 다른 사람들뿐만 아니라 온 세상과 한데 어울려 살기 위해 태어났다는 사실을 굳게 믿으면서 행복하게 살아야겠다.

오늘, 오늘만이라도

내 생각대로 주변 상황을 바꾸지 말고 내가 그 상황에 맞춰 나가야겠다.

오늘, 오늘만이라도

십 분 동안 시간을 내서 독서를 해야겠다. 육신의

삶을 살려면 음식이 필요하듯 영혼의 삶을 살기 위해서 좋은 독서가 필요하다.

오늘, 오늘만이라도
아무도 모르게 한 가지 선행을 해야겠다.

오늘, 오늘만이라도
마음이 내키지 않는 일을 기꺼이 해야겠다.
마음이 언짢아도 내색하지 말아야겠다.

오늘, 오늘만이라도
정확한 하루 일과표를 작성해야겠다. 지키지 못하더라도 일과표를 작성해야겠다. 일과표대로 행동하면 시간에 쫓겨 조급하게 일처리를 하거나 제때에 결단을 내리지 못하고 우왕좌왕하는, 두 가지 좋지 않은 행동을 막을 수 있다.

오늘, 오늘만이라도

눈앞에 보이는 상황이 무척 어렵더라도 하느님의 섭리가 온전히 나를 보살피고 있다는 사실을 굳게 믿어야겠다.

오늘, 오늘만이라도

두려워하지 않아야겠다. 이 세상 모든 아름다운 것들을 보면서 뛸 듯이 기뻐하며, 선을 믿어야겠다.